This Chrismas Planner Belongs to:

Beauty in Books LLC
ISBN: 978-1-961634-36-7

CHRISTMAS SCHEDULE

DATE: ____________

GOAL

TO-DO LIST

- ____________
- ____________
- ____________
- ____________
- ____________
- ____________
- ____________
- ____________

SHOPPING LIST

- ____________
- ____________
- ____________
- ____________
- ____________
- ____________
- ____________
- ____________

IMPORTANT

NOTES

CHRISTMAS SCHEDULE

DATE: ____________

GOAL

TO-DO LIST

- ____________
- ____________
- ____________
- ____________
- ____________
- ____________
- ____________
- ____________

SHOPPING LIST

- ____________
- ____________
- ____________
- ____________
- ____________
- ____________
- ____________
- ____________

IMPORTANT

NOTES

CHRISTMAS SCHEDULE

DATE: ______________

TO-DO LIST

- ______________
- ______________
- ______________
- ______________
- ______________
- ______________
- ______________
- ______________

GOAL

SHOPPING LIST

- ______________
- ______________
- ______________
- ______________
- ______________
- ______________
- ______________
- ______________

IMPORTANT

NOTES

CHRISTMAS SCHEDULE

DATE: ____________

TO-DO LIST

- ____________
- ____________
- ____________
- ____________
- ____________
- ____________
- ____________
- ____________

GOAL

SHOPPING LIST

- ____________
- ____________
- ____________
- ____________
- ____________
- ____________
- ____________
- ____________

IMPORTANT

NOTES

CHRISTMAS SCHEDULE

DATE: ______________

GOAL

TO-DO LIST

- ______________
- ______________
- ______________
- ______________
- ______________
- ______________
- ______________
- ______________

SHOPPING LIST

- ______________
- ______________
- ______________
- ______________
- ______________
- ______________
- ______________
- ______________

IMPORTANT

NOTES

CHRISTMAS SCHEDULE

DATE: ____________

GOAL

TO-DO LIST

- ____________
- ____________
- ____________
- ____________
- ____________
- ____________
- ____________
- ____________

SHOPPING LIST

- ____________
- ____________
- ____________
- ____________
- ____________
- ____________
- ____________
- ____________

IMPORTANT

NOTES

CHRISTMAS SCHEDULE

DATE: ______________

GOAL

TO-DO LIST

- ______________
- ______________
- ______________
- ______________
- ______________
- ______________
- ______________
- ______________

SHOPPING LIST

- ______________
- ______________
- ______________
- ______________
- ______________
- ______________
- ______________
- ______________

IMPORTANT

NOTES

CHRISTMAS SCHEDULE

DATE: ____________

GOAL

TO-DO LIST

- ____________
- ____________
- ____________
- ____________
- ____________
- ____________
- ____________
- ____________

SHOPPING LIST

- ____________
- ____________
- ____________
- ____________
- ____________
- ____________
- ____________
- ____________

IMPORTANT

NOTES

CHRISTMAS SCHEDULE

DATE: ____________

GOAL

TO-DO LIST

- ____________
- ____________
- ____________
- ____________
- ____________
- ____________
- ____________
- ____________

SHOPPING LIST

- ____________
- ____________
- ____________
- ____________
- ____________
- ____________
- ____________
- ____________

IMPORTANT

NOTES

CHRISTMAS SCHEDULE

DATE: ____________

GOAL

TO-DO LIST

- ____________
- ____________
- ____________
- ____________
- ____________
- ____________
- ____________
- ____________

SHOPPING LIST

- ____________
- ____________
- ____________
- ____________
- ____________
- ____________
- ____________
- ____________

IMPORTANT

NOTES

Christmas
BUCKET LIST

Christmas
BUCKET LIST

Christmas
BUCKET LIST

Christmas
BUCKET LIST

Christmas
BUCKET LIST

Christmas
BUCKET LIST

Christmas
BUCKET LIST

Christmas
BUCKET LIST

Christmas
BUCKET LIST

Christmas
BUCKET LIST

Christmas *gift list*

Name	Gift	Price	Bought	Wrapped

Christmas gift list

Name	Gift	Price	Bought	Wrapped

Christmas *gift list*

Name	Gift	Price	Bought	Wrapped

Christmas gift list

Name	Gift	Price	Bought	Wrapped

Christmas gift list

Name	Gift	Price	Bought	Wrapped

Christmas gift list

Name	Gift	Price	Bought	Wrapped

Christmas gift list

Name	Gift	Price	Bought	Wrapped

Christmas Checklist

Christmas Checklist

Christmas Checklist

Christmas Checklist

Christmas Checklist

Christmas Checklist

Christmas Checklist

Christmas Checklist

Christmas Checklist

Christmas Checklist

Holiday Shopping list

Date :

No.	Items List	Quantities

Total Items

Notes :

Holiday Shopping list

Date : ______________________

No.	Items List	Quantities

Total Items ______________________

Notes : ______________________

Holiday Shopping list

Date : ______________________

No.	Items List	Quantities

Total Items ______________________

Notes : ______________________

Holiday Shopping list

Date :

No.	Items List	Quantities

Total Items

Notes :

Holiday Shopping list

Date : ____________________

No.	Items List	Quantities

Total Items ____________________

Notes : ____

____

____

Holiday Shopping list

Date :

No.	Items List	Quantities

Total Items

Notes :

Holiday Shopping list

Date :

No.	Items List	Quantities

Total Items

Notes :

Holiday Shopping list

Date : ____________________

No.	Items List	Quantities

Total Items ____________________

Notes : ____________________

Holiday Shopping list

Date : ____________________

No.	Items List	Quantities

Total Items ____________________

Notes : ____________________

Holiday Shopping list

Date : ____________

No.	Items List	Quantities

Total Items ____________

Notes : ____________

Christmas Meal Planner

Starters	Side Dishes	Drinks

Main Course	Desserts	Kids

Grocery List:

Christmas Meal Planner

Starters	Side Dishes	Drinks

Main Course	Desserts	Kids

Grocery List:

Christmas Meal Planner

Starters	Side Dishes	Drinks

Main Course	Desserts	Kids

Grocery List:

Christmas Meal Planner

Starters	Side Dishes	Drinks

Main Course	Desserts	Kids

Grocery List:

Christmas Meal Planner

Starters	Side Dishes	Drinks

Main Course	Desserts	Kids

Grocery List:

Christmas Meal Planner

Starters	Side Dishes	Drinks

Main Course	Desserts	Kids

Grocery List:

Christmas Meal Planner

Starters	Side Dishes	Drinks

Main Course	Desserts	Kids

Grocery List:

Christmas Meal Planner

Starters	Side Dishes	Drinks

Main Course	Desserts	Kids

Grocery List:

Christmas Meal Planner

Starters	Side Dishes	Drinks

Main Course	Desserts	Kids

Grocery List:

Christmas Meal Planner

Starters	Side Dishes	Drinks

Main Course	Desserts	Kids

Grocery List:

Grocery List Planner

e ____________________

- [ ]
- [ ]
- [ ]
- [ ]
- [ ]
- [ ]
- [ ]
- [ ]
- [ ]
- [ ]
- [ ]
- [ ]
- [ ]
- [ ]
- [ ]
- [ ]
- [ ]
- [ ]
- [ ]

To Start ☑ Ok ⇥ Delay ⍁ Stuck ☒ Cancel

Grocery List Planner

Date ______________________

- [ ]
- [ ]
- [ ]
- [ ]
- [ ]
- [ ]
- [ ]
- [ ]
- [ ]
- [ ]
- [ ]
- [ ]
- [ ]
- [ ]
- [ ]
- [ ]
- [ ]
- [ ]
- [ ]

● To Start ☑ Ok ⇥ Delay ⧄ Stuck ☒ Cancel

Grocery List Planner

Date ____________________

- [ ]
- [ ]
- [ ]
- [ ]
- [ ]
- [ ]
- [ ]
- [ ]
- [ ]
- [ ]
- [ ]
- [ ]
- [ ]
- [ ]
- [ ]
- [ ]
- [ ]
- [ ]
- [ ]

To Start ☑ Ok ⇥ Delay ⧄ Stuck ☒ Cancel

Grocery List Planner

Date ____________________

To Start | Ok | Delay | Stuck | Cancel

Grocery List Planner

te

☐
☐
☐
☐
☐
☐
☐
☐
☐
☐
☐
☐
☐
☐
☐
☐
☐
☐
☐

To Start ☑ Ok ⇥ Delay ⧄ Stuck ☒ Cancel

Grocery List Planner

Date ______________________

- ☐
- ☐
- ☐
- ☐
- ☐
- ☐
- ☐
- ☐
- ☐
- ☐
- ☐
- ☐
- ☐
- ☐
- ☐
- ☐
- ☐
- ☐
- ☐

● To Start ☑ Ok ⇥ Delay ⧄ Stuck ☒ Cancel

Grocery List Planner

e

To Start Ok Delay Stuck Cancel

Grocery List Planner

Date ____________________

- ☐ ____________________
- ☐ ____________________
- ☐ ____________________
- ☐ ____________________
- ☐ ____________________
- ☐ ____________________
- ☐ ____________________
- ☐ ____________________
- ☐ ____________________
- ☐ ____________________
- ☐ ____________________
- ☐ ____________________
- ☐ ____________________
- ☐ ____________________
- ☐ ____________________
- ☐ ____________________
- ☐ ____________________
- ☐ ____________________
- ☐ ____________________

● To Start ☑ Ok ⇥ Delay ⧄ Stuck ☒ Cancel

Grocery List Planner

ate

☐
☐
☐
☐
☐
☐
☐
☐
☐
☐
☐
☐
☐
☐
☐
☐
☐
☐
☐

To Start ☑ Ok ⇥ Delay ⧄ Stuck ☒ Cancel

Grocery List Planner

Date ____________________

● To Start ☑ Ok ⇥ Delay ⧄ Stuck ☒ Cancel

RECIPE IDEAS

Main Food

Recipe By: ________________

Ingredients: ________________

____

____

____

____

____

Side Dish

Recipe By: ________________

Ingredients: ________________

____

____

____

____

Dessert

Recipe By: ________________

Ingredients: ________________

____

____

____

____

Snack

Recipe By: ________________

Ingredients: ________________

____

____

____

____

____

RECIPE IDEAS

Main Food

Recipe By: ________________

Ingredients: ________________

____

____

____

____

____

Side Dish

Recipe By: ________________

Ingredients: ________________

____

____

____

____

Dessert

Recipe By: ________________

Ingredients: ________________

____

____

____

____

Snack

Recipe By: ________________

Ingredients: ________________

____

____

____

____

____

RECIPE IDEAS

Main Food

Recipe By: ________________

Ingredients: ________________

____

____

____

____

____

Side Dish

Recipe By: ________________

Ingredients: ________________

____

____

____

____

Dessert

Recipe By: ________________

Ingredients: ________________

____

____

____

____

Snack

Recipe By: ________________

Ingredients: ________________

____

____

____

____

____

RECIPE IDEAS

Main Food

Recipe By: ________________

Ingredients: ________________

____

____

____

____

____

Side Dish

Recipe By: ________________

Ingredients: ________________

____

____

____

____

Dessert

Recipe By: ________________

Ingredients: ________________

____

____

____

____

Snack

Recipe By: ________________

Ingredients: ________________

____

____

____

____

____

RECIPE IDEAS

Main Food

Recipe By: ________________

Ingredients: ________________

____

____

____

____

____

Side Dish

Recipe By: ________________

Ingredients: ________________

____

____

____

____

Dessert

Recipe By: ________________

Ingredients: ________________

____

____

____

____

Snack

Recipe By: ________________

Ingredients: ________________

____

____

____

____

____

RECIPE IDEAS

Main Food

Recipe By: ________________

Ingredients: ________________

____

____

____

____

____

Side Dish

Recipe By: ________________

Ingredients: ________________

____

____

____

____

Dessert

Recipe By: ________________

Ingredients: ________________

____

____

____

____

Snack

Recipe By: ________________

Ingredients: ________________

____

____

____

____

____

RECIPE IDEAS

Main Food

Recipe By: ________________

Ingredients: ________________

____

____

____

____

____

Side Dish

Recipe By: ________________

Ingredients: ________________

____

____

____

____

Dessert

Recipe By: ________________

Ingredients: ________________

____

____

____

____

Snack

Recipe By: ________________

Ingredients: ________________

____

____

____

____

____

RECIPE IDEAS

Main Food

Recipe By: ________________

Ingredients: ________________

____

____

____

____

____

Side Dish

Recipe By: ________________

Ingredients: ________________

____

____

____

____

Dessert

Recipe By: ________________

Ingredients: ________________

____

____

____

____

Snack

Recipe By: ________________

Ingredients: ________________

____

____

____

____

____

RECIPE IDEAS

Main Food

Recipe By: ________________

Ingredients: ________________

____

____

____

____

____

Side Dish

Recipe By: ________________

Ingredients: ________________

____

____

____

____

Dessert

Recipe By: ________________

Ingredients: ________________

____

____

____

____

Snack

Recipe By: ________________

Ingredients: ________________

____

____

____

____

____

RECIPE IDEAS

Main Food

Recipe By:

Ingredients:

Side Dish

Recipe By:

Ingredients:

Dessert

Recipe By:

Ingredients:

Snack

Recipe By:

Ingredients:

HOLIDAY PARTY PLANNER

PLACE ______________________

____

DATE ______________________

BUDGET ______________________

TYPE ______________________

____

TO DO LIST

INVITED GUESTS

PARTY SCHEDULE

PARTY SUPPLIERS

NOTE / REMINDER

HOLIDAY PARTY PLANNER

PLACE ______________________

____

DATE ______________________

BUDGET ______________________

TYPE ______________________

____

TO DO LIST

- ○ ______________________
- ○ ______________________
- ○ ______________________
- ○ ______________________
- ○ ______________________
- ○ ______________________
- ○ ______________________
- ○ ______________________
- ○ ______________________

INVITED GUESTS

- ○
- ○
- ○
- ○
- ○
- ○
- ○
- ○
- ○

PARTY SCHEDULE

____

____

____

____

____

____

PARTY SUPPLIERS

____

____

____

____

____

____

NOTE / REMINDER

HOLIDAY PARTY PLANNER

PLACE

DATE

TYPE

BUDGET

TO DO LIST

INVITED GUESTS

PARTY SCHEDULE

PARTY SUPPLIERS

NOTE / REMINDER

HOLIDAY PARTY PLANNER

PLACE ______________________________

____

DATE ______________________________

TYPE ______________________________

BUDGET ______________________________

____

TO DO LIST

INVITED GUESTS

PARTY SCHEDULE

PARTY SUPPLIERS

NOTE / REMINDER

HOLIDAY PARTY PLANNER

PLACE ____________________

____

DATE ____________________

TYPE ____________________

BUDGET ____________________

____

TO DO LIST

- ○ ____________________
- ○ ____________________
- ○ ____________________
- ○ ____________________
- ○ ____________________
- ○ ____________________
- ○ ____________________
- ○ ____________________
- ○ ____________________

INVITED GUESTS

- ○
- ○
- ○
- ○
- ○
- ○
- ○
- ○
- ○

PARTY SCHEDULE

- ▭ ____________________
- ▭ ____________________
- ▭ ____________________
- ▭ ____________________
- ▭ ____________________
- ▭ ____________________

PARTY SUPPLIERS

____

____

____

____

____

____

NOTE / REMINDER

HOLIDAY PARTY PLANNER

PLACE ______________________

____

DATE ______________________

BUDGET ______________________

TYPE ______________________

____

TO DO LIST

○ ______________________
○ ______________________
○ ______________________
○ ______________________
○ ______________________
○ ______________________
○ ______________________
○ ______________________
○ ______________________

INVITED GUESTS

○
○
○
○
○
○
○
○
○

PARTY SCHEDULE

____
____
____
____
____
____

PARTY SUPPLIERS

____
____
____
____
____
____

NOTE / REMINDER

HOLIDAY PARTY PLANNER

PLACE ______________________

____

DATE ______________________

BUDGET ______________________

TYPE ______________________

____

TO DO LIST

INVITED GUESTS

PARTY SCHEDULE

PARTY SUPPLIERS

NOTE / REMINDER

HOLIDAY PARTY PLANNER

PLACE ______________________

____

DATE ______________________

BUDGET ______________________

TYPE ______________________

____

TO DO LIST

INVITED GUESTS

PARTY SCHEDULE

PARTY SUPPLIERS

NOTE / REMINDER

HOLIDAY PARTY PLANNER

PLACE

DATE

TYPE

BUDGET

TO DO LIST

INVITED GUESTS

PARTY SCHEDULE

PARTY SUPPLIERS

NOTE / REMINDER

HOLIDAY PARTY PLANNER

PLACE ______________________________

____

DATE ______________________________

TYPE ______________________________

BUDGET ______________________________

____

TO DO LIST

- ○ ______________________________
- ○ ______________________________
- ○ ______________________________
- ○ ______________________________
- ○ ______________________________
- ○ ______________________________
- ○ ______________________________
- ○ ______________________________
- ○ ______________________________

INVITED GUESTS

- ○
- ○
- ○
- ○
- ○
- ○
- ○
- ○
- ○

PARTY SCHEDULE

- ▭ ______________________________
- ▭ ______________________________
- ▭ ______________________________
- ▭ ______________________________
- ▭ ______________________________
- ▭ ______________________________

PARTY SUPPLIERS

____

____

____

____

____

____

NOTE / REMINDER

Favorite Holiday Memories

Favorite Holiday Memories

Favorite Holiday Memories

Favorite Holiday Memories

Favorite Holiday Memories

Favorite Holiday Memories

Favorite Holiday Memories

Favorite Holiday Memories

Favorite Holiday Memories

Favorite Holiday Memories

notes

notes

notes

notes

notes

notes

notes

notes

notes

2023

DECEMBER

SUN	MON	TUE	WED	THU	FRI	SAT
26	27	28	29	30	1	2
3	4	5	6	7	8	9
10	11	12	13	14	15	16
17	18	19	20	21	22	23
24	25	26	27	28	29	30
31	1	2	3	4	5	6

NOTES

DON'T FORGET

Made in the USA
Monee, IL
03 November 2026

67377421R00066